다라니(진언)
사경 5

병고에서 벗어나기 위한 진언

운주사

머리말

진언眞言은 '거룩하고 참된 말'이라는 뜻으로 산스크리트어 만트라mantra를 번역한 것이다. 주呪, 신주神呪라고도 번역한다. 진언을 다라니dharani라고도 하는데, 다라니는 '모든 선함을 기억하여 지니고, 모든 악함을 일어나지 않게 막는다'는 의미로 총지總持, 능지能持, 능차能遮라 번역하기도 한다.

불교에서 진언은 수행의 한 방편으로 매우 중요시하였는데, 진언을 반복해서 외우거나, 진언 자체를 관하는 명상을 하거나, 정성껏 받아쓰는 등의 수행을 통하여 물질적·정신적 장해들을 극복하며, 마음을 정화하고 지혜를 얻어 궁극에는 깨달음에 도달하게 된다고 보았다.

진언 수행의 가장 일반적인 형태는 이를 반복해서 외우는 것이다. 외우는 방법에는 입으로 외우는 방법과 이를 정성껏 받아쓰며 외우는 방법이 있다. 다만 진언 사경은 입으로 외우는 것보다 시간이 더 걸린다는 점이 다르다. 그만큼 사경은 입으로 외우는 것보다 정성과 노력을 더 필요로 하는 수행인 것이다.

사경이란

사경은 부처님의 말씀을 옮겨 쓰는 것으로, 기도 수행의 한 방법이다. 즉 사경은 몸과 마음을 정갈히 가다듬고 부처님 말씀을 한 자 한 자 정성껏 옮겨 쓰는 수행 과정을 통해 불보살님의 가피를 받아 신심과 원력이 증장하고 바라는 소원이 성취되며, 늘 기쁨이 충만한 삶을 살다가 목숨을 마치고는 극락왕생하는 데 그 목적이 있다.

사경의 의의

부처님의 말씀은 경전을 통하여 우리에게 전해지고 있다. 따라서 경전의 말씀은 단순한 글자가 아니라 부처님이 깨달으신 진리를 상징하고 있다. 진리 자체는 문자로 나타낼 수 없지만 문자를 떠나서도 진리를 전하기 어렵다. 그러므로 경전에 쓰인 문자는 부처님께서 중생들을 진리로 인도하시려는 자비심의 상징이기도 하다.

사경을 통하여 우리는 부처님의 말씀을 보다 차분하게 깊이 이해할 수 있을 뿐 아니라, 정성을 다하여 사경하는 행위 그 자체가 훌륭한 수행이 된다는 사실을 알아야 한다. 그래서 옛 수행자들은 자신의 피로 사경을 하기도 하고, 한 글자를 쓸 때마다 삼배의 예를 올리기도 하였던 것이다.

이와 같이 사경은 부처님 말씀을 이해하고 자신의 마음을 맑히는 훌륭한 수행이자, 스스로의 정성을 부처님께 공양 올리는 거룩한 불사佛事라고 할 수 있다.

진언 사경의 공덕

부처님께서는 『법화경』, 『반야경』 등 여러 경전에서 사경의 공덕이 매우 수승하다고 말씀하신다. 예컨대 사경의 공덕은 무수한 세월 동안 부처님께 재물을 보시한 공덕보다 뛰어나고 탑을 조성하는 공덕보다 수승하다는 것 등이다. 진언(다라니) 사경에는 다음과 같은 공덕이 있다.

1. 몸과 마음이 평안해지고 신심과 지혜가 증대된다.
2. 현세를 살아가며 마주치는 모든 재난을 이겨내고 삿된 기운을 물리친다.
3. 전생부터 지금까지 지은 모든 업장이 소멸된다.
4. 바라는 바를 원만하게 성취할 수 있다.
5. 부처님 가르침을 기억하여 잊지 않게 되고, 기억력이 좋아져 머리가 총명해진다.

6. 마음이 편안하고 안정되어 부처님 마음과 감응하여 삼매를 성취할 수 있다.
7. 모든 불자들이 바라는 깨달음을 빨리 얻을 수 있다.
8. 하는 일이 잘되며, 어려운 일이 해결된다.
9. 현실의 물질적, 정신적 어려움이 사라진다.
10. 맺힌 원결들이 풀어지고 주변에 좋은 인연들이 모여든다.
11. 불보살님이 항상 가피해 주신다.
12. 선망 조상들과 인연 있는 이들뿐 아니라 스스로도 극락왕생한다.
13. 늘 기쁘고 행복하며, 자비심이 생겨 만나는 이들에게도 행복을 전해 준다.

사경하는 순서

다음은 사경을 하는 일반적인 순서이다. 하지만 오로지 진실한 마음이 중요한 것이니, 크게 구애받지 말고 상황에 따라 적절히 실행하면 된다.

1. 몸과 마음을 정갈히 가다듬는다.
2. 사경할 준비를 하고 초를 켜거나 향을 피운다.
3. 3배를 올리고 사경 발원문을 봉독한다.
4. 개인적인 발원을 올린다.
5. 정성껏 사경을 한다.(1자1배, 1자3배를 하기도 한다)
6. 모든 공덕을 중생들에게 회향하는 보회향진언으로 사경을 마무리한다.
7. 3배를 올리고 마친다.

*사경을 처음 시작할 때 언제까지 몇 번을 쓰겠다고 불보살님께 약속하고 시작하는 것이 좋다. 도중에 나태해지거나 그만 두는 것을 예방할 수 있기 때문이다. 1,000번, 3,000번, 10,000번 등 자신의 신심에 따라 발원하면 된다.

사경 발원문

참 진리의 고향이시자 중생을 구원하시는 대자대비하신 부처님!

시작 없는 전생에서부터 오늘에 이르기까지 제가 지은 모든 죄업을 부처님 전에 참회하나이다.

제가 이제 몸과 말과 뜻으로 부처님께 지극한 마음으로 귀의하며 사경의식을 봉행하오니, 이 인연 공덕으로 살아 있는 모든 생명의 행복과 해탈을 축원하옵니다. 또한 저와 인연 있는 이들이 다생겁래로 지어온 모든 업장이 소멸되고 바라는 모든 발원이 원만히 성취되게 하시어 감사하고 행복한 삶을 살다가, 끝내는 깨달음의 문을 열게 해주소서. 또한 선망 조상님과 여러 인연 있는 영가들이 극락왕생하여 영원한 행복을 누리게 하소서!

개인 발원문 (각자 바라는 발원을 적고 읽는다.)

_____

_____

_____

_____

_____

_____

불기   년   월   일

사경 제자 _____ 공경 합장

병고에서 벗어나기 위한 진언

『병고에서 벗어나기 위한 진언』은 정신적, 육체적인 온갖 질병으로 고통 받는 병자들이 하루속히 병의 고통에서 벗어나 안락한 삶을 살고자 하는 간절한 마음을 담은 진언이다.

　모든 질병으로부터 중생을 구제해 주시는 약사여래와 약왕보살의 「약사여래 대진언」과 「약왕보살진언」, 모든 병고를 없애고 제거해 주는 「문수보살 소제병고消除病苦다라니」, 일체 모든 질병을 제거해 주는 「제일체질병除一切疾病다라니」를 지성으로 사경하면 불보살님의 가피를 입어 모든 병고에서 벗어나 건강하고 행복한 삶을 누릴 수 있을 것이다.

약사여래 대진언

나모 바가바테 바이사지야 구루 바이듀리야 프라바
라자야 타타가타야 아르하테 삼약삼붓다야 따다타
옴 바이사지에 바이사지에 바이사지아 삼우드가테
사바하

약왕보살진언

옴 바이사지야 라자야 사바하

문수보살 소제병고消除病苦다라니

지부다나제 잠부지나제 소차불지나제 축기불지나제
오소다지나제 바차불지나제 사마라 장지나제 아서파
라 장지나제 여파제지나제 사바하

제일체질병除一切疾病다라니

다냐타 미마려미마려 바나구지려 시리말저 군나려
수노비 인나라 의녕모예 사바하

사경 시작한 날 : 불기 _____년 ___월 ___일

약사여래 대진언

나모 바가바테 바이사지야 구루 바이듀리야
프라바라자야 타타가타야 아르하테 삼약삼붓
다야 따다타 옴 바이사지에 바이사지에 바이
사지아 삼우드가테 사바하

001
나모 바가바테 바이사지야 구루
바이듀리야 프라바라자야 타타가
타야 아르하테 삼약삼붓다야 따
다타 옴 바이사지에 바이사지에
바이사지아 삼우드가테 사바하

002
나모 바가바테 바이사지야 구루
바이듀리야 프라바라자야 타타가
타야 아르하테 삼약삼붓다야 따
다타 옴 바이사지에 바이사지에
바이사지아 삼우드가테 사바하

003
나모 바가바테 바이사지야 구루
바이듀리야 프라바라자야 타타가
타야 아르하테 삼약삼붓다야 따
댜타 옴 바이사지에 바이사지에
바이사지아 삼우드가테 사바하

004
나모 바가바테 바이사지야 구루
바이듀리야 프라바라자야 타타가
타야 아르하테 삼약삼붓다야 따
댜타 옴 바이사지에 바이사지에
바이사지아 삼우드가테 사바하

005
나모 바가바테 바이사지야 구루
바이듀리야 프라바라자야 타타가
타야 아르하테 삼약삼붓다야 따
댜타 옴 바이사지에 바이사지에
바이사지아 삼우드가테 사바하

006 나모 바가바테 바이사지야 구루
바이듀리야 프라바라자야 타타가
타야 아르하테 삼약삼붓다야 따
다타 옴 바이사지에 바이사지에
바이사지아 삼우드가테 사바하

007 나모 바가바테 바이사지야 구루
바이듀리야 프라바라자야 타타가
타야 아르하테 삼약삼붓다야 따
다타 옴 바이사지에 바이사지에
바이사지아 삼우드가테 사바하

008 나모 바가바테 바이사지야 구루
바이듀리야 프라바라자야 타타가
타야 아르하테 삼약삼붓다야 따
다타 옴 바이사지에 바이사지에
바이사지아 삼우드가테 사바하

009 나모 바가바테 바이사지야 구루
바이듀리야 프라바라자야 타라가
타야 아르하테 삼약삼붓다야 따
다타 옴 바이사지에 바이사지에
바이사지아 삼우드가테 사바하

010 나모 바가바테 바이사지야 구루
바이듀리야 프라바라자야 타라가
타야 아르하테 삼약삼붓다야 따
다타 옴 바이사지에 바이사지에
바이사지아 삼우드가테 사바하

011 나모 바가바테 바이사지야 구루
바이듀리야 프라바라자야 타라가
타야 아르하테 삼약삼붓다야 따
다타 옴 바이사지에 바이사지에
바이사지아 삼우드가테 사바하

012 나모 바가바테 바이사지야 구루
바이듀리야 프라바라자야 타타가
타야 아르하테 삼약삼붓다야 따
다타 옴 바이사지에 바이사지에
바이사지아 삼우드가테 사바하

013 나모 바가바테 바이사지야 구루
바이듀리야 프라바라자야 타타가
타야 아르하테 삼약삼붓다야 따
다타 옴 바이사지에 바이사지에
바이사지아 삼우드가테 사바하

014 나모 바가바테 바이사지야 구루
바이듀리야 프라바라자야 타타가
타야 아르하테 삼약삼붓다야 따
다타 옴 바이사지에 바이사지에
바이사지아 삼우드가테 사바하

나모 바가바테 바이사지야 구루
바이듀리야 프라바라자야 타타가
타야 아르하테 삼약삼붓다야 따
다타 옴 바이사지에 바이사지에
바이사지아 삼우드가테 사바하

나모 바가바테 바이사지야 구루
바이듀리야 프라바라자야 타타가
타야 아르하테 삼약삼붓다야 따
다타 옴 바이사지에 바이사지에
바이사지아 삼우드가테 사바하

나모 바가바테 바이사지야 구루
바이듀리야 프라바라자야 타타가
타야 아르하테 삼약삼붓다야 따
다타 옴 바이사지에 바이사지에
바이사지아 삼우드가테 사바하

018 나모 바가바테 바이사지야 구루
바이듀리야 프라바라자야 타타가
타야 아르하테 삼약삼붓다야 따
다타 옴 바이사지에 바이사지에
바이사지아 삼우드가테 사바하

019 나모 바가바테 바이사지야 구루
바이듀리야 프라바라자야 타타가
타야 아르하테 삼약삼붓다야 따
다타 옴 바이사지에 바이사지에
바이사지아 삼우드가테 사바하

020 나모 바가바테 바이사지야 구루
바이듀리야 프라바라자야 타타가
타야 아르하테 삼약삼붓다야 따
다타 옴 바이사지에 바이사지에
바이사지아 삼우드가테 사바하

021 나모 바가바테 바이사지야 구루
바이듀리야 프라바라자야 타타가
타야 아르하테 삼약삼붓다야 따
다타 옴 바이사지에 바이사지에
바이사지아 삼우드가테 사바하

022 나모 바가바테 바이사지야 구루
바이듀리야 프라바라자야 타타가
타야 아르하테 삼약삼붓다야 따
다타 옴 바이사지에 바이사지에
바이사지아 삼우드가테 사바하

023 나모 바가바테 바이사지야 구루
바이듀리야 프라바라자야 타타가
타야 아르하테 삼약삼붓다야 따
다타 옴 바이사지에 바이사지에
바이사지아 삼우드가테 사바하

024
나모 바가바테 바이사지야 구루
바이듀리야 프라바라자야 타타가
타야 아르하테 삼약삼붓다야 따
다타 옴 바이사지에 바이사지에
바이사지아 삼우드가테 사바하

025
나모 바가바테 바이사지야 구루
바이듀리야 프라바라자야 타타가
타야 아르하테 삼약삼붓다야 따
다타 옴 바이사지에 바이사지에
바이사지아 삼우드가테 사바하

026
나모 바가바테 바이사지야 구루
바이듀리야 프라바라자야 타타가
타야 아르하테 삼약삼붓다야 따
다타 옴 바이사지에 바이사지에
바이사지아 삼우드가테 사바하

나모 바가바레 바이사지야 구루
바이듀리야 프라바라자야 타타가
타야 아르하테 삼약삼붓다야 따
다타 옴 바이사지에 바이사지에
바이사지아 삼우드가레 사바하

나모 바가바레 바이사지야 구루
바이듀리야 프라바라자야 타타가
타야 아르하테 삼약삼붓다야 따
다타 옴 바이사지에 바이사지에
바이사지아 삼우드가레 사바하

나모 바가바레 바이사지야 구루
바이듀리야 프라바라자야 타타가
타야 아르하테 삼약삼붓다야 따
다타 옴 바이사지에 바이사지에
바이사지아 삼우드가레 사바하

나모 바가바테 바이사지야 구루
바이듀리야 프라바라자야 타타가
타야 아르하테 삼약삼붓다야 따
다타 옴 바이사지에 바이사지에
바이사지아 삼우드가테 사바하

031

나모 바가바테 바이사지야 구루
바이듀리야 프라바라자야 타타가
타야 아르하테 삼약삼붓다야 따
다타 옴 바이사지에 바이사지에
바이사지아 삼우드가테 사바하

032

나모 바가바테 바이사지야 구루
바이듀리야 프라바라자야 타타가
타야 아르하테 삼약삼붓다야 따
다타 옴 바이사지에 바이사지에
바이사지아 삼우드가테 사바하

033 나모 바가바테 바이사지야 구루
바이듀리야 프라바라자야 타타가
타야 아르하테 삼약삼붓다야 따
다타 옴 바이사지에 바이사지에
바이사지아 삼우드가테 사바하

034 나모 바가바테 바이사지야 구루
바이듀리야 프라바라자야 타타가
타야 아르하테 삼약삼붓다야 따
다타 옴 바이사지에 바이사지에
바이사지아 삼우드가테 사바하

035 나모 바가바테 바이사지야 구루
바이듀리야 프라바라자야 타타가
타야 아르하테 삼약삼붓다야 따
다타 옴 바이사지에 바이사지에
바이사지아 삼우드가테 사바하

036 나모 바가바테 바이사지야 구루
바이듀리야 프라바라자야 타타가
타야 아르하테 삼약삼붓다야 따
다타 옴 바이사지에 바이사지에
바이사지아 삼우드가테 사바하

037 나모 바가바테 바이사지야 구루
바이듀리야 프라바라자야 타타가
타야 아르하테 삼약삼붓다야 따
다타 옴 바이사지에 바이사지에
바이사지아 삼우드가테 사바하

038 나모 바가바테 바이사지야 구루
바이듀리야 프라바라자야 타타가
타야 아르하테 삼약삼붓다야 따
다타 옴 바이사지에 바이사지에
바이사지아 삼우드가테 사바하

039 나모 바가바테 바이사지야 구루
바이듀리야 프라바라자야 타라가
타야 아르하테 삼약삼붓다야 따
다타 옴 바이사지에 바이사지에
바이사지아 삼우드가테 사바하

040 나모 바가바테 바이사지야 구루
바이듀리야 프라바라자야 타라가
타야 아르하테 삼약삼붓다야 따
다타 옴 바이사지에 바이사지에
바이사지아 삼우드가테 사바하

041 나모 바가바테 바이사지야 구루
바이듀리야 프라바라자야 타라가
타야 아르하테 삼약삼붓다야 따
다타 옴 바이사지에 바이사지에
바이사지아 삼우드가테 사바하

042 나모 바가바테 바이사지야 구루
바이듀리야 프라바라자야 타타가
타야 아르하테 삼약삼붓다야 따
다타 옴 바이사지에 바이사지에
바이사지아 삼우드가테 사바하

043 나모 바가바테 바이사지야 구루
바이듀리야 프라바라자야 타타가
타야 아르하테 삼약삼붓다야 따
다타 옴 바이사지에 바이사지에
바이사지아 삼우드가테 사바하

044 나모 바가바테 바이사지야 구루
바이듀리야 프라바라자야 타타가
타야 아르하테 삼약삼붓다야 따
다타 옴 바이사지에 바이사지에
바이사지아 삼우드가테 사바하

045
나모 바가바테 바이사지야 구루
바이듀리야 프라바라자야 타타가
타야 아르하테 삼약삼붓다야 따
다타 옴 바이사지에 바이사지에
바이사지아 삼우드가테 사바하

046
나모 바가바테 바이사지야 구루
바이듀리야 프라바라자야 타타가
타야 아르하테 삼약삼붓다야 따
다타 옴 바이사지에 바이사지에
바이사지아 삼우드가테 사바하

047
나모 바가바테 바이사지야 구루
바이듀리야 프라바라자야 타타가
타야 아르하테 삼약삼붓다야 따
다타 옴 바이사지에 바이사지에
바이사지아 삼우드가테 사바하

048
나모 바가바테 바이사지야 구루
바이듀리야 프라바라자야 타타가
타야 아르하테 삼약삼붓다야 따
다타 옴 바이사지에 바이사지에
바이사지야 삼우드가테 사바하

049
나모 바가바테 바이사지야 구루
바이듀리야 프라바라자야 타타가
타야 아르하테 삼약삼붓다야 따
다타 옴 바이사지에 바이사지에
바이사지야 삼우드가테 사바하

050
나모 바가바테 바이사지야 구루
바이듀리야 프라바라자야 타타가
타야 아르하테 삼약삼붓다야 따
다타 옴 바이사지에 바이사지에
바이사지야 삼우드가테 사바하

051
나모 바가바테 바이사지야 구루
바이듀리야 프라바라자야 타라가
타야 아르하테 삼약삼붓다야 따
다타 옴 바이사지에 바이사지에
바이사지아 삼우드가테 사바하

052
나모 바가바테 바이사지야 구루
바이듀리야 프라바라자야 타라가
타야 아르하테 삼약삼붓다야 따
다타 옴 바이사지에 바이사지에
바이사지아 삼우드가테 사바하

053
나모 바가바테 바이사지야 구루
바이듀리야 프라바라자야 타라가
타야 아르하테 삼약삼붓다야 따
다타 옴 바이사지에 바이사지에
바이사지아 삼우드가테 사바하

054 나모 바가바테 바이사지야 구루
바이듀리야 프라바라자야 타타가
타야 아르하테 삼약삼붓다야 따
다타 옴 바이사지에 바이사지에
바이사지아 삼우드가테 사바하

055 나모 바가바테 바이사지야 구루
바이듀리야 프라바라자야 타타가
타야 아르하테 삼약삼붓다야 따
다타 옴 바이사지에 바이사지에
바이사지아 삼우드가테 사바하

056 나모 바가바테 바이사지야 구루
바이듀리야 프라바라자야 타타가
타야 아르하테 삼약삼붓다야 따
다타 옴 바이사지에 바이사지에
바이사지아 삼우드가테 사바하

057
나모 바가바테 바이사지야 구루
바이듀리야 프라바라자야 타타가
타야 아르하테 삼약삼붓다야 따
다타 옴 바이사지에 바이사지에
바이사지아 삼우드가테 사바하

058
나모 바가바테 바이사지야 구루
바이듀리야 프라바라자야 타타가
타야 아르하테 삼약삼붓다야 따
다타 옴 바이사지에 바이사지에
바이사지아 삼우드가테 사바하

059
나모 바가바테 바이사지야 구루
바이듀리야 프라바라자야 타타가
타야 아르하테 삼약삼붓다야 따
다타 옴 바이사지에 바이사지에
바이사지아 삼우드가테 사바하

060
나모 바가바테 바이사지야 구루
바이듀리야 프라바라자야 타라가
타야 아르하테 삼약삼붓다야 따
다타 옴 바이사지에 바이사지에
바이사지아 삼우드가레 사바하

061
나모 바가바테 바이사지야 구루
바이듀리야 프라바라자야 타라가
타야 아르하테 삼약삼붓다야 따
다타 옴 바이사지에 바이사지에
바이사지아 삼우드가레 사바하

062
나모 바가바테 바이사지야 구루
바이듀리야 프라바라자야 타라가
타야 아르하테 삼약삼붓다야 따
다타 옴 바이사지에 바이사지에
바이사지아 삼우드가레 사바하

063 나모 바가바테 바이사지야 구루
바이듀리야 프라바라자야 타타가
타야 아르하테 삼약삼붓다야 따
다타 옴 바이사지에 바이사지에
바이사지아 삼우드가테 사바하

064 나모 바가바테 바이사지야 구루
바이듀리야 프라바라자야 타타가
타야 아르하테 삼약삼붓다야 따
다타 옴 바이사지에 바이사지에
바이사지아 삼우드가테 사바하

065 나모 바가바테 바이사지야 구루
바이듀리야 프라바라자야 타타가
타야 아르하테 삼약삼붓다야 따
다타 옴 바이사지에 바이사지에
바이사지아 삼우드가테 사바하

나모 바가바테 바이사지야 구루
바이듀리야 프라바라자야 타타가
타야 아르하테 삼약삼붓다야 따
다타 옴 바이사지에 바이사지에
바이사지아 삼우드가테 사바하

나모 바가바테 바이사지야 구루
바이듀리야 프라바라자야 타타가
타야 아르하테 삼약삼붓다야 따
다타 옴 바이사지에 바이사지에
바이사지아 삼우드가테 사바하

나모 바가바테 바이사지야 구루
바이듀리야 프라바라자야 타타가
타야 아르하테 삼약삼붓다야 따
다타 옴 바이사지에 바이사지에
바이사지아 삼우드가테 사바하

069
나모 바가바테 바이사지야 구루
바이듀리야 프라바라자야 타타가
타야 아르하테 삼약삼붓다야 따
다타 옴 바이사지에 바이사지에
바이사지아 삼우드가테 사바하

070
나모 바가바테 바이사지야 구루
바이듀리야 프라바라자야 타타가
타야 아르하테 삼약삼붓다야 따
다타 옴 바이사지에 바이사지에
바이사지아 삼우드가테 사바하

071
나모 바가바테 바이사지야 구루
바이듀리야 프라바라자야 타타가
타야 아르하테 삼약삼붓다야 따
다타 옴 바이사지에 바이사지에
바이사지아 삼우드가테 사바하

072 나모 바가바테 바이사지야 구루
바이듀리야 프라바라자야 타타가
타야 아르하테 삼약삼붓다야 따
다타 옴 바이사지에 바이사지에
바이사지아 삼우드가테 사바하

073 나모 바가바테 바이사지야 구루
바이듀리야 프라바라자야 타타가
타야 아르하테 삼약삼붓다야 따
다타 옴 바이사지에 바이사지에
바이사지아 삼우드가테 사바하

074 나모 바가바테 바이사지야 구루
바이듀리야 프라바라자야 타타가
타야 아르하테 삼약삼붓다야 따
다타 옴 바이사지에 바이사지에
바이사지아 삼우드가테 사바하

075 나모 바가바테 바이사지야 구루
바이듀리야 프라바라자야 타타가
타야 아르하테 삼약삼붓다야 따
다타 옴 바이사지에 바이사지에
바이사지아 삼우드가테 사바하

076 나모 바가바테 바이사지야 구루
바이듀리야 프라바라자야 타타가
타야 아르하테 삼약삼붓다야 따
다타 옴 바이사지에 바이사지에
바이사지아 삼우드가테 사바하

077 나모 바가바테 바이사지야 구루
바이듀리야 프라바라자야 타타가
타야 아르하테 삼약삼붓다야 따
다타 옴 바이사지에 바이사지에
바이사지아 삼우드가테 사바하

078 나모 바가바테 바이사지야 구루
바이듀리야 프라바라자야 타타가
타야 아르하테 삼약삼붓다야 따
다타 옴 바이사지에 바이사지에
바이사지아 삼우드가테 사바하

079 나모 바가바테 바이사지야 구루
바이듀리야 프라바라자야 타타가
타야 아르하테 삼약삼붓다야 따
다타 옴 바이사지에 바이사지에
바이사지아 삼우드가테 사바하

080 나모 바가바테 바이사지야 구루
바이듀리야 프라바라자야 타타가
타야 아르하테 삼약삼붓다야 따
다타 옴 바이사지에 바이사지에
바이사지아 삼우드가테 사바하

081
나모 바가바테 바이사지야 구루
바이듀리야 프라바라자야 타타가
타야 아르하테 삼약삼붓다야 따
다타 옴 바이사지에 바이사지에
바이사지아 삼우드가테 사바하

082
나모 바가바테 바이사지야 구루
바이듀리야 프라바라자야 타타가
타야 아르하테 삼약삼붓다야 따
다타 옴 바이사지에 바이사지에
바이사지아 삼우드가테 사바하

083
나모 바가바테 바이사지야 구루
바이듀리야 프라바라자야 타타가
타야 아르하테 삼약삼붓다야 따
다타 옴 바이사지에 바이사지에
바이사지아 삼우드가테 사바하

084
나모 바가바테 바이사지야 구루
바이듀리야 프라바라자야 타타가
타야 아르하테 삼약삼붓다야 따
다타 옴 바이사지에 바이사지에
바이사지아 삼우드가테 사바하

085
나모 바가바테 바이사지야 구루
바이듀리야 프라바라자야 타타가
타야 아르하테 삼약삼붓다야 따
다타 옴 바이사지에 바이사지에
바이사지아 삼우드가테 사바하

086
나모 바가바테 바이사지야 구루
바이듀리야 프라바라자야 타타가
타야 아르하테 삼약삼붓다야 따
다타 옴 바이사지에 바이사지에
바이사지아 삼우드가테 사바하

087 나모 바가바레 바이사지야 구루
바이듀리야 프라바라자야 타타가
타야 아르하레 삼약삼붓다야 따
다타 옴 바이사지에 바이사지에
바이사지아 삼우드가레 사바하

088 나모 바가바레 바이사지야 구루
바이듀리야 프라바라자야 타타가
타야 아르하레 삼약삼붓다야 따
다타 옴 바이사지에 바이사지에
바이사지아 삼우드가레 사바하

089 나모 바가바레 바이사지야 구루
바이듀리야 프라바라자야 타타가
타야 아르하레 삼약삼붓다야 따
다타 옴 바이사지에 바이사지에
바이사지아 삼우드가레 사바하

090 나모 바가바테 바이사지야 구루
바이듀리야 프라바라자야 타타가
타야 아르하테 삼약삼붓다야 따
다타 옴 바이사지에 바이사지에
바이사지아 삼우드가테 사바하

091 나모 바가바테 바이사지야 구루
바이듀리야 프라바라자야 타타가
타야 아르하테 삼약삼붓다야 따
다타 옴 바이사지에 바이사지에
바이사지아 삼우드가테 사바하

092 나모 바가바테 바이사지야 구루
바이듀리야 프라바라자야 타타가
타야 아르하테 삼약삼붓다야 따
다타 옴 바이사지에 바이사지에
바이사지아 삼우드가테 사바하

093
나모 바가바테 바이사지야 구루
바이듀리야 프라바라자야 타타가
타야 아르하테 삼약삼붓다야 따
다타 옴 바이사지에 바이사지에
바이사지아 삼우드가테 사바하

094
나모 바가바테 바이사지야 구루
바이듀리야 프라바라자야 타타가
타야 아르하테 삼약삼붓다야 따
다타 옴 바이사지에 바이사지에
바이사지아 삼우드가테 사바하

095
나모 바가바테 바이사지야 구루
바이듀리야 프라바라자야 타타가
타야 아르하테 삼약삼붓다야 따
다타 옴 바이사지에 바이사지에
바이사지아 삼우드가테 사바하

096 나모 바가바테 바이사지야 구루
바이듀리야 프라바라자야 타타가
타야 아르하테 삼약삼붓다야 따
다타 옴 바이사지에 바이사지에
바이사지아 삼우드가테 사바하

097 나모 바가바테 바이사지야 구루
바이듀리야 프라바라자야 타타가
타야 아르하테 삼약삼붓다야 따
다타 옴 바이사지에 바이사지에
바이사지아 삼우드가테 사바하

098 나모 바가바테 바이사지야 구루
바이듀리야 프라바라자야 타타가
타야 아르하테 삼약삼붓다야 따
다타 옴 바이사지에 바이사지에
바이사지아 삼우드가테 사바하

099
나모 바가바테 바이사지야 구루
바이듀리야 프라바라자야 타타가
타야 아르하테 삼약삼붓다야 따
다타 옴 바이사지에 바이사지에
바이사지아 삼우드가테 사바하

100
나모 바가바테 바이사지야 구루
바이듀리야 프라바라자야 타타가
타야 아르하테 삼약삼붓다야 따
다타 옴 바이사지에 바이사지에
바이사지아 삼우드가테 사바하

101
나모 바가바테 바이사지야 구루
바이듀리야 프라바라자야 타타가
타야 아르하테 삼약삼붓다야 따
다타 옴 바이사지에 바이사지에
바이사지아 삼우드가테 사바하

102 나모 바가바테 바이사지야 구루
바이듀리야 프라바라자야 타타가
타야 아르하테 삼약삼붓다야 따
다타 옴 바이사지에 바이사지에
바이사지아 삼우드가테 사바하

103 나모 바가바테 바이사지야 구루
바이듀리야 프라바라자야 타타가
타야 아르하테 삼약삼붓다야 따
다타 옴 바이사지에 바이사지에
바이사지아 삼우드가테 사바하

104 나모 바가바테 바이사지야 구루
바이듀리야 프라바라자야 타타가
타야 아르하테 삼약삼붓다야 따
다타 옴 바이사지에 바이사지에
바이사지아 삼우드가테 사바하

105 나모 바가바테 바이사지야 구루
바이듀리야 프라바라자야 타타가
타야 아르하테 삼약삼붓다야 따
다타 옴 바이사지에 바이사지에
바이사지아 삼우드가테 사바하

106 나모 바가바테 바이사지야 구루
바이듀리야 프라바라자야 타타가
타야 아르하테 삼약삼붓다야 따
다타 옴 바이사지에 바이사지에
바이사지아 삼우드가테 사바하

107 나모 바가바테 바이사지야 구루
바이듀리야 프라바라자야 타타가
타야 아르하테 삼약삼붓다야 따
다타 옴 바이사지에 바이사지에
바이사지아 삼우드가테 사바하

나모 바가바테 바이사지야 구루
바이듀리야 프라바라자야 타라가
타야 아르하테 삼약삼붓다야 따
다타 옴 바이사지에 바이사지에
바이사지아 삼우드가테 사바하

보회향진언

옴 삼마라 삼마라 미만나 사라마
하 자가라바 훔

약왕보살진언

옴 바이사지야 라자야 사바하

옴 바이사지야 라자야 사바하
옴 바이사지야 라자야 사바하
옴 바이사지야 라자야 사바하

옴 바이사지야 라자야 사바하
옴 바이사지야 라자야 사바하
옴 바이사지야 라자야 사바하
옴 바이사지야 라자야 사바하
옴 바이사지야 라자야 사바하

옴 바이사지야 라자야 사바하
옴 바이사지야 라자야 사바하
옴 바이사지야 라자야 사바하
옴 바이사지야 라자야 사바하
옴 바이사지야 라자야 사바하

옴 바이사지야 라자야 사바하
옴 바이사지야 라자야 사바하
옴 바이사지야 라자야 사바하
옴 바이사지야 라자야 사바하
옴 바이사지야 라자야 사바하

옴 바이사지야 라자야 사바하
옴 바이사지야 라자야 사바하
옴 바이사지야 라자야 사바하
옴 바이사지야 라자야 사바하
옴 바이사지야 라자야 사바하

옴 바이사지야 라자야 사바하
옴 바이사지야 라자야 사바하
옴 바이사지야 라자야 사바하
옴 바이사지야 라자야 사바하
옴 바이사지야 라자야 사바하

028

옴 바이사지야 라자야 사바하
옴 바이사지야 라자야 사바하
옴 바이사지야 라자야 사바하
옴 바이사지야 라자야 사바하
옴 바이사지야 라자야 사바하

옴 바이사지야 라자야 사바하
옴 바이사지야 라자야 사바하
옴 바이사지야 라자야 사바하
옴 바이사지야 라자야 사바하
옴 바이사지야 라자야 사바하

옴 바이사지야 라자야 사바하
옴 바이사지야 라자야 사바하
옴 바이사지야 라자야 사바하
옴 바이사지야 라자야 사바하
옴 바이사지야 라자야 사바하

옴 바이사지야 라자야 사바하
옴 바이사지야 라자야 사바하
옴 바이사지야 라자야 사바하
옴 바이사지야 라자야 사바하
옴 바이사지야 라자야 사바하

옴 바이사지야 라자야 사바하
옴 바이사지야 라자야 사바하
옴 바이사지야 라자야 사바하
옴 바이사지야 라자야 사바하
옴 바이사지야 라자야 사바하

옴 바이사지야 라자야 사바하
옴 바이사지야 라자야 사바하
옴 바이사지야 라자야 사바하
옴 바이사지야 라자야 사바하
옴 바이사지야 라자야 사바하

옴 바이 사지야 라자야 사바하
옴 바이 사지야 라자야 사바하
옴 바이 사지야 라자야 사바하
옴 바이 사지야 라자야 사바하
옴 바이 사지야 라자야 사바하

옴 바이 사지야 라자야 사바하
옴 바이 사지야 라자야 사바하
옴 바이 사지야 라자야 사바하
옴 바이 사지야 라자야 사바하
옴 바이 사지야 라자야 사바하

옴 바이 사지야 라자야 사바하
옴 바이 사지야 라자야 사바하
옴 바이 사지야 라자야 사바하
옴 바이 사지야 라자야 사바하
옴 바이 사지야 라자야 사바하

073

옴 바이사지야 라자야 사바하
옴 바이사지야 라자야 사바하
옴 바이사지야 라자야 사바하
옴 바이사지야 라자야 사바하
옴 바이사지야 라자야 사바하

옴 바이사지야 라자야 사바하
옴 바이사지야 라자야 사바하
옴 바이사지야 라자야 사바하
옴 바이사지야 라자야 사바하
옴 바이사지야 라자야 사바하

옴 바이사지야 라자야 사바하
옴 바이사지야 라자야 사바하
옴 바이사지야 라자야 사바하
옴 바이사지야 라자야 사바하
옴 바이사지야 라자야 사바하

옴 바이사지야 라자야 사바하
옴 바이사지야 라자야 사바하
옴 바이사지야 라자야 사바하
옴 바이사지야 라자야 사바하
옴 바이사지야 라자야 사바하

옴 바이사지야 라자야 사바하
옴 바이사지야 라자야 사바하
옴 바이사지야 라자야 사바하
옴 바이사지야 라자야 사바하
옴 바이사지야 라자야 사바하

옴 바이사지야 라자야 사바하
옴 바이사지야 라자야 사바하
옴 바이사지야 라자야 사바하
옴 바이사지야 라자야 사바하
옴 바이사지야 라자야 사바하

옴 바이사지야 라자야 사바하
옴 바이사지야 라자야 사바하
옴 바이사지야 라자야 사바하
옴 바이사지야 라자야 사바하
옴 바이사지야 라자야 사바하

108

보회향진언

옴 삼마라 삼마라 미만나 사라마
하 자가라바 훔

문수보살 소제병고消除病苦다라니

지부다나제 잠부지나제 소차불지나제 축기
불지나제 오소다지나제 바차불지나제 사마라
장지나제 아서파라 장지나제 여파제지나제
사바하

---

001 지부다나제 잠부지나제 소차불지
나제 축기불지나제 오소다지나제
바차불지나제 사마라 장지나제
아서파라 장지나제 여파제지나제
사바하

---

002 지부다나제 잠부지나제 소차불지
나제 축기불지나제 오소다지나제
바차불지나제 사마라 장지나제
아서파라 장지나제 여파제지나제
사바하

003 지부다나제 잠부지나제 소차불지나제 축기불지나제 오소다지나제 바차불지나제 사마라 장지나제 아서파라 장지나제 여파제지나제 사바하

004 지부다나제 잠부지나제 소차불지나제 축기불지나제 오소다지나제 바차불지나제 사마라 장지나제 아서파라 장지나제 여파제지나제 사바하

005 지부다나제 잠부지나제 소차불지나제 축기불지나제 오소다지나제 바차불지나제 사마라 장지나제 아서파라 장지나제 여파제지나제 사바하

지부다나제 잠부지나제 소차불지
나제 축기불지나제 오소다지나제
바차불지 나제 사마라 장지 나제
아서파라 장지나제 여파제지나제
사바하

지부다나제 잠부지나제 소차불지
나제 축기불지나제 오소다지나제
바차불지 나제 사마라 장지 나제
아서파라 장지나제 여파제지나제
사바하

지부다나제 잠부지나제 소차불지
나제 축기불지나제 오소다지나제
바차불지 나제 사마라 장지 나제
아서파라 장지나제 여파제지나제
사바하

009
지부다나제 잠부지나제 소차블지
나제 축기블지나제 오소다지나제
바차블지나제 사마라 장지나제
아서파라 장지나제 여파체지나제
사바하

010
지부다나제 잠부지나제 소차블지
나제 축기블지나제 오소다지나제
바차블지나제 사마라 장지나제
아서파라 장지나제 여파체지나제
사바하

011
지부다나제 잠부지나제 소차블지
나제 축기블지나제 오소다지나제
바차블지나제 사마라 장지나제
아서파라 장지나제 여파체지나제
사바하

012 지부다나제 잠부지나제 소차불지
나제 축기불지나제 오소다지나제
바차불지나제 사마라 장지나제
아서파라 장지나제 여파제지나제
사바하

013 지부다나제 잠부지나제 소차불지
나제 축기불지나제 오소다지나제
바차불지나제 사마라 장지나제
아서파라 장지나제 여파제지나제
사바하

014 지부다나제 잠부지나제 소차불지
나제 축기불지나제 오소다지나제
바차불지나제 사마라 장지나제
아서파라 장지나제 여파제지나제
사바하

지부다나제 잠부지나제 소차불지
나제 축기불지나제 오소다지나제
바차불지나제 사마라 장지나제
아서파라 장지나제 여파제지나제
사바하

지부다나제 잠부지나제 소차불지
나제 축기불지나제 오소다지나제
바차불지나제 사마라 장지나제
아서파라 장지나제 여파제지나제
사바하

지부다나제 잠부지나제 소차불지
나제 축기불지나제 오소다지나제
바차불지나제 사마라 장지나제
아서파라 장지나제 여파제지나제
사바하

018 지부다나제 잠부지나제 소차불지
나제 축기불지나제 오소다지나제
바차불지나제 사마라 장지나제
아서파라 장지나제 여파제지나제
사바하

019 지부다나제 잠부지나제 소차불지
나제 축기불지나제 오소다지나제
바차불지나제 사마라 장지나제
아서파라 장지나제 여파제지나제
사바하

020 지부다나제 잠부지나제 소차불지
나제 축기불지나제 오소다지나제
바차불지나제 사마라 장지나제
아서파라 장지나제 여파제지나제
사바하

021 지부다나제 잠부지나제 소차불지
나제 축기불지나제 오소다지나제
바차불지나제 사마라 장지나제
아서파라 장지나제 여파제지나제
사바하

022 지부다나제 잠부지나제 소차불지
나제 축기불지나제 오소다지나제
바차불지나제 사마라 장지나제
아서파라 장지나제 여파제지나제
사바하

023 지부다나제 잠부지나제 소차불지
나제 축기불지나제 오소다지나제
바차불지나제 사마라 장지나제
아서파라 장지나제 여파제지나제
사바하

024 지부다나제 잠부지나제 소차불지
나제 축기불지나제 오소다지나제
바차불지나제 사마라 장지나제
아서파라 장지나제 여파제지나제
사바하

025 지부다나제 잠부지나제 소차불지
나제 축기불지나제 오소다지나제
바차불지나제 사마라 장지나제
아서파라 장지나제 여파제지나제
사바하

026 지부다나제 잠부지나제 소차불지
나제 축기불지나제 오소다지나제
바차불지나제 사마라 장지나제
아서파라 장지나제 여파제지나제
사바하

⁰²⁷ 지부다나제 잠부지나제 소차불지
나제 축기불지나제 오소다지나제
바차불지나제 사마라 장지나제
아서파라 장지나제 여파제지나제
사바하

⁰²⁸ 지부다나제 잠부지나제 소차불지
나제 축기불지나제 오소다지나제
바차불지나제 사마라 장지나제
아서파라 장지나제 여파제지나제
사바하

⁰²⁹ 지부다나제 잠부지나제 소차불지
나제 축기불지나제 오소다지나제
바차불지나제 사마라 장지나제
아서파라 장지나제 여파제지나제
사바하

030 지부다나제 잠부지나제 소차불지
나제 축기불지나제 오소다지나제
바차불지나제 사마라 장지나제
아서파라 장지나제 여파제지나제
사바하

031 지부다나제 잠부지나제 소차불지
나제 축기불지나제 오소다지나제
바차불지나제 사마라 장지나제
아서파라 장지나제 여파제지나제
사바하

032 지부다나제 잠부지나제 소차불지
나제 축기불지나제 오소다지나제
바차불지나제 사마라 장지나제
아서파라 장지나제 여파제지나제
사바하

033 지부다나제 잠부지나제 소차불지
나제 축기불지나제 오소다지나제
바차불지 나제 사마라 장지나제
아서파라 장지나제 여파제지나제
사바하

034 지부다나제 잠부지나제 소차불지
나제 축기불지나제 오소다지나제
바차불지 나제 사마라 장지나제
아서파라 장지나제 여파제지나제
사바하

035 지부다나제 잠부지나제 소차불지
나제 축기불지나제 오소다지나제
바차불지나제 사마라 장지나제
아서파라 장지나제 여파제지나제
사바하

036
지부다나제 잠부지나제 소차불지
나제 축기불지나제 오소다지나제
바차불지 나제 사마라 장지 나제
아서파라 장지나제 여파제지나제
사바하

037
지부다나제 잠부지나제 소차불지
나제 축기불지나제 오소다지나제
바차불지 나제 사마라 장지 나제
아서파라 장지나제 여파제지나제
사바하

038
지부다나제 잠부지나제 소차불지
나제 축기불지나제 오소다지나제
바차불지 나제 사마라 장지 나제
아서파라 장지나제 여파제지나제
사바하

039 지부다나제 잠부지나제 소차불지
나제 축기불지나제 오소다지나제
바차불지나제 사마라 장지나제
아서파라 장지나제 여파제지나제
사바하

040 지부다나제 잠부지나제 소차불지
나제 축기불지나제 오소다지나제
바차불지나제 사마라 장지나제
아서파라 장지나제 여파제지나제
사바하

041 지부다나제 잠부지나제 소차불지
나제 축기불지나제 오소다지나제
바차불지나제 사마라 장지나제
아서파라 장지나제 여파제지나제
사바하

042 지부다나제 잠부지나제 소차불지
나제 축기불지나제 오소다지나제
바차불지 나제 사마라 장지나제
아서파라 장지나제 여파제지나제
사바하

043 지부다나제 잠부지나제 소차불지
나제 축기불지나제 오소다지나제
바차불지 나제 사마라 장지나제
아서파라 장지나제 여파제지나제
사바하

044 지부다나제 잠부지나제 소차불지
나제 축기불지나제 오소다지나제
바차불지 나제 사마라 장지나제
아서파라 장지나제 여파제지나제
사바하

지부다나제 잠부지나제 소차불지
나제 축기불지나제 오소다지나제
바차불지나제 사마라 장지나제
아서파라 장지나제 여파제지나제
사바하

지부다나제 잠부지나제 소차불지
나제 축기불지나제 오소다지나제
바차불지나제 사마라 장지나제
아서파라 장지나제 여파제지나제
사바하

지부다나제 잠부지나제 소차불지
나제 축기불지나제 오소다지나제
바차불지나제 사마라 장지나제
아서파라 장지나제 여파제지나제
사바하

048 지부다나제 잠부지나제 소차불지
나제 축기불지나제 오소다지나제
바차불지나제 사마라 장지나제
아서파라 장지나제 여파제지나제
사바하

049 지부다나제 잠부지나제 소차불지
나제 축기불지나제 오소다지나제
바차불지나제 사마라 장지나제
아서파라 장지나제 여파제지나제
사바하

050 지부다나제 잠부지나제 소차불지
나제 축기불지나제 오소다지나제
바차불지나제 사마라 장지나제
아서파라 장지나제 여파제지나제
사바하

051 지부다나제 잠부지나제 소차불지나제 축기불지나제 오소다지나제 바차불지나제 사마라 장지나제 아서파라 장지나제 여파제지나제 사바하

052 지부다나제 잠부지나제 소차불지나제 축기불지나제 오소다지나제 바차불지나제 사마라 장지나제 아서파라 장지나제 여파제지나제 사바하

053 지부다나제 잠부지나제 소차불지나제 축기불지나제 오소다지나제 바차불지나제 사마라 장지나제 아서파라 장지나제 여파제지나제 사바하

지부다나제 잠부지나제 소차불지
나제 축기불지나제 오소다지나제
바차불지나제 사마라 장지나제
아서파라 장지나제 여파제지나제
사바하

지부다나제 잠부지나제 소차불지
나제 축기불지나제 오소다지나제
바차불지나제 사마라 장지나제
아서파라 장지나제 여파제지나제
사바하

지부다나제 잠부지나제 소차불지
나제 축기불지나제 오소다지나제
바차불지나제 사마라 장지나제
아서파라 장지나제 여파제지나제
사바하

057
지부다나제 잠부지나제 소차불지
나제 축기불지나제 오소다지나제
바차불지나제 사마라 장지나제
아서파라 장지나제 여파제지나제
사바하

058
지부다나제 잠부지나제 소차불지
나제 축기불지나제 오소다지나제
바차불지나제 사마라 장지나제
아서파라 장지나제 여파제지나제
사바하

059
지부다나제 잠부지나제 소차불지
나제 축기불지나제 오소다지나제
바차불지나제 사마라 장지나제
아서파라 장지나제 여파제지나제
사바하

지부다나제 잠부지나제 소차블지
나제 축기블지나제 오소다지나제
바차블지나제 사마라 장지나제
아서파라 장지나제 여파제지나제
사바하

지부다나제 잠부지나제 소차블지
나제 축기블지나제 오소다지나제
바차블지나제 사마라 장지나제
아서파라 장지나제 여파제지나제
사바하

지부다나제 잠부지나제 소차블지
나제 축기블지나제 오소다지나제
바차블지나제 사마라 장지나제
아서파라 장지나제 여파제지나제
사바하

지부다나제 잠부지나제 소차불지
나제 축기불지나제 오소다지나제
바차불지나제 사마라 장지나제
아서파라 장지나제 여파제지나제
사바하

지부다나제 잠부지나제 소차불지
나제 축기불지나제 오소다지나제
바차불지나제 사마라 장지나제
아서파라 장지나제 여파제지나제
사바하

지부다나제 잠부지나제 소차불지
나제 축기불지나제 오소다지나제
바차불지나제 사마라 장지나제
아서파라 장지나제 여파제지나제
사바하

066 지부다나제 잠부지나제 소차불지
나제 축기불지나제 오소다지나제
바차불지나제 사마라 장지나제
아서파라 장지나제 여파제지나제
사바하

067 지부다나제 잠부지나제 소차불지
나제 축기불지나제 오소다지나제
바차불지나제 사마라 장지나제
아서파라 장지나제 여파제지나제
사바하

068 지부다나제 잠부지나제 소차불지
나제 축기불지나제 오소다지나제
바차불지나제 사마라 장지나제
아서파라 장지나제 여파제지나제
사바하

069 지부다나제 잠부지나제 소차불지
나제 축기불지나제 오소다지나제
바차불지나제 사마라 장지나제
아서파라 장지나제 여파제지나제
사바하

070 지부다나제 잠부지나제 소차불지
나제 축기불지나제 오소다지나제
바차불지나제 사마라 장지나제
아서파라 장지나제 여파제지나제
사바하

071 지부다나제 잠부지나제 소차불지
나제 축기불지나제 오소다지나제
바차불지나제 사마라 장지나제
아서파라 장지나제 여파제지나제
사바하

072 지부다나제 잠부지나제 소차불지
나제 축기불지나제 오소다지나제
바차불지나제 사마라 장지나제
아서파라 장지나제 여파제지나제
사바하

073 지부다나제 잠부지나제 소차불지
나제 축기불지나제 오소다지나제
바차불지나제 사마라 장지나제
아서파라 장지나제 여파제지나제
사바하

074 지부다나제 잠부지나제 소차불지
나제 축기불지나제 오소다지나제
바차불지나제 사마라 장지나제
아서파라 장지나제 여파제지나제
사바하

075 지부다나제 잠부지나제 소차불지
나제 축기불지나제 오소다지나제
바차불지나제 사마라 장지나제
아서파라 장지나제 여파제지나제
사바하

076 지부다나제 잠부지나제 소차불지
나제 축기불지나제 오소다지나제
바차불지나제 사마라 장지나제
아서파라 장지나제 여파제지나제
사바하

077 지부다나제 잠부지나제 소차불지
나제 축기불지나제 오소다지나제
바차불지나제 사마라 장지나제
아서파라 장지나제 여파제지나제
사바하

078 지부다나제 잠부지나제 소차불지
나제 축기불지나제 오소다지나제
바차불지 나제 사마라 장지 나제
아서파라 장지나제 여파제지나제
사바하

079 지부다나제 잠부지나제 소차불지
나제 축기불지나제 오소다지나제
바차불지 나제 사마라 장지 나제
아서파라 장지나제 여파제지나제
사바하

080 지부다나제 잠부지나제 소차불지
나제 축기불지나제 오소다지나제
바차불지 나제 사마라 장지 나제
아서파라 장지나제 여파제지나제
사바하

081 지부다나제 잠부지나제 소차불지
나제 축기불지나제 오소다지나제
바차불지나제 사마라 장지나제
아서파라 장지나제 여파제지나제
사바하

082 지부다나제 잠부지나제 소차불지
나제 축기불지나제 오소다지나제
바차불지나제 사마라 장지나제
아서파라 장지나제 여파제지나제
사바하

083 지부다나제 잠부지나제 소차불지
나제 축기불지나제 오소다지나제
바차불지나제 사마라 장지나제
아서파라 장지나제 여파제지나제
사바하

084 지부다나제 잠부지나제 소차불지
나제 축기불지나제 오소다지나제
바차불지나제 사마라 장지나제
아서파라 장지나제 여파제지나제
사바하

085 지부다나제 잠부지나제 소차불지
나제 축기불지나제 오소다지나제
바차불지나제 사마라 장지나제
아서파라 장지나제 여파제지나제
사바하

086 지부다나제 잠부지나제 소차불지
나제 축기불지나제 오소다지나제
바차불지나제 사마라 장지나제
아서파라 장지나제 여파제지나제
사바하

087 지부다나제 잠부지나제 소차불지
나제 축기불지나제 오소다지나제
바차불지나제 사마라 장지나제
아서파라 장지나제 여파제지나제
사바하

088 지부다나제 잠부지나제 소차불지
나제 축기불지나제 오소다지나제
바차불지나제 사마라 장지나제
아서파라 장지나제 여파제지나제
사바하

089 지부다나제 잠부지나제 소차불지
나제 축기불지나제 오소다지나제
바차불지나제 사마라 장지나제
아서파라 장지나제 여파제지나제
사바하

090 지부다나제 잠부지나제 소차블지
나제 축기블지나제 오소다지나제
바차블지나제 사마라 장지나제
아서파라 장지나제 여파제지나제
사바하

091 지부다나제 잠부지나제 소차블지
나제 축기블지나제 오소다지나제
바차블지나제 사마라 장지나제
아서파라 장지나제 여파제지나제
사바하

092 지부다나제 잠부지나제 소차블지
나제 축기블지나제 오소다지나제
바차블지나제 사마라 장지나제
아서파라 장지나제 여파제지나제
사바하

지부다나제 잠부지나제 소차불지
나제 축기불지나제 오소다지나제
바차불지나제 사마라 장지나제
아서파라 장지나제 여파제지나제
사바하

지부다나제 잠부지나제 소차불지
나제 축기불지나제 오소다지나제
바차불지나제 사마라 장지나제
아서파라 장지나제 여파제지나제
사바하

지부다나제 잠부지나제 소차불지
나제 축기불지나제 오소다지나제
바차불지나제 사마라 장지나제
아서파라 장지나제 여파제지나제
사바하

096 지부다나제 잠부지나제 소차불지
나제 축기불지나제 오소다지나제
바차불지나제 사마라 장지나제
아서파라 장지나제 여파제지나제
사바하

097 지부다나제 잠부지나제 소차불지
나제 축기불지나제 오소다지나제
바차불지나제 사마라 장지나제
아서파라 장지나제 여파제지나제
사바하

098 지부다나제 잠부지나제 소차불지
나제 축기불지나제 오소다지나제
바차불지나제 사마라 장지나제
아서파라 장지나제 여파제지나제
사바하

099 지부다나제 잠부지나제 소차불지
나제 축기불지나제 오소다지나제
바차불지나제 사마라 장지나제
아서파라 장지나제 여파제지나제
사바하

100 지부다나제 잠부지나제 소차불지
나제 축기불지나제 오소다지나제
바차불지나제 사마라 장지나제
아서파라 장지나제 여파제지나제
사바하

101 지부다나제 잠부지나제 소차불지
나제 축기불지나제 오소다지나제
바차불지나제 사마라 장지나제
아서파라 장지나제 여파제지나제
사바하

지부다나제 잠부지나제 소차불지
나제 축기불지나제 오소다지나제
바차불지나제 사마라 장지나제
아서파라 장지나제 여파제지나제
사바하

지부다나제 잠부지나제 소차불지
나제 축기불지나제 오소다지나제
바차불지나제 사마라 장지나제
아서파라 장지나제 여파제지나제
사바하

지부다나제 잠부지나제 소차불지
나제 축기불지나제 오소다지나제
바차불지나제 사마라 장지나제
아서파라 장지나제 여파제지나제
사바하

105 지부다나제 잠부지나제 소차불지
나제 축기불지나제 오소다지나제
바차불지나제 사마라 장지나제
아서파라 장지나제 여파제지나제
사바하

106 지부다나제 잠부지나제 소차불지
나제 축기불지나제 오소다지나제
바차불지나제 사마라 장지나제
아서파라 장지나제 여파제지나제
사바하

107 지부다나제 잠부지나제 소차불지
나제 축기불지나제 오소다지나제
바차불지나제 사마라 장지나제
아서파라 장지나제 여파제지나제
사바하

지부다나제 잠부지나제 소차불지
나제 축기불지나제 오소다지나제
바차불지나제 사마라 장지나제
아서파라 장지나제 여파제지나제
사바하

보회향진언

옴 삼마라 삼마라 미만나 사라마
하 자가라바 훔

제일체질병除一切疾病다라니

다냐타 미마려미마려 바나구지려 시리말저 군
나려 수노비 인나라 의녕모예 사바하

다냐타 미마려미마려 바나구지려
시리말저 군나려 수노비 인나라
의녕모예 사바하

다냐타 미마려미마려 바나구지려
시리말저 군나려 수노비 인나라
의녕모예 사바하

다냐타 미마려미마려 바나구지려
시리말저 군나려 수노비 인나라
의녕모예 사바하

다냐타 미마려미마려 바나구지려
시리말저 군나려 수노비 인나라
의녕모예 사바하

004

다냐타 미마려미마려 바나구지려
시리말저 군나려 수노비 인나라
의녕모에 사바하

다냐타 미마려미마려 바나구지려
시리말저 군나려 수노비 인나라
의녕모에 사바하

다냐타 미마려미마려 바나구지려
시리말저 군나려 수노비 인나라
의녕모에 사바하

다냐타 미마려미마려 바나구지려
시리말저 군나려 수노비 인나라
의녕모에 사바하

다냐타 미마려미마려 바나구지려
시리말저 군나려 수노비 인나라
의녕모에 사바하

다냐타 미마려미마려 바나구지려
시리말저 군나려 수노비 인나라
의녕모예 사바하

다냐타 미마려미마려 바나구지려
시리말저 군나려 수노비 인나라
의녕모예 사바하

다냐타 미마려미마려 바나구지려
시리말저 군나려 수노비 인나라
의녕모예 사바하

다냐타 미마려미마려 바나구지려
시리말저 군나려 수노비 인나라
의녕모예 사바하

다냐타 미마려미마려 바나구지려
시리말저 군나려 수노비 인나라
의녕모예 사바하

014

다냐타 미마려미마려 바나구지려
시리말저 군나려 수노비 인나라
의녕모예 사바하

다냐타 미마려미마려 바나구지려
시리말저 군나려 수노비 인나라
의녕모예 사바하

다냐타 미마려미마려 바나구지려
시리말저 군나려 수노비 인나라
의녕모예 사바하

다냐타 미마려미마려 바나구지려
시리말저 군나려 수노비 인나라
의녕모예 사바하

다냐타 미마려미마려 바나구지려
시리말저 군나려 수노비 인나라
의녕모예 사바하

다냐타 미마려미마려 바나구지려
시리말저 군나려 수노비 인나라
의녕모예 사바하

다냐타 미마려미마려 바나구지려
시리말저 군나려 수노비 인나라
의녕모예 사바하

다냐타 미마려미마려 바나구지려
시리말저 군나려 수노비 인나라
의녕모예 사바하

다냐타 미마려미마려 바나구지려
시리말저 군나려 수노비 인나라
의녕모예 사바하

다냐타 미마려미마려 바나구지려
시리말저 군나려 수노비 인나라
의녕모예 사바하

다냐타 미마려미마려 바나구지려
시리말저 군나려 수노비 인나라
의녕모예 사바하

다냐타 미마려미마려 바나구지려
시리말저 군나려 수노비 인나라
의녕모예 사바하

다냐타 미마려미마려 바나구지려
시리말저 군나려 수노비 인나라
의녕모예 사바하

다냐타 미마려미마려 바나구지려
시리말저 군나려 수노비 인나라
의녕모예 사바하

다냐타 미마려미마려 바나구지려
시리말저 군나려 수노비 인나라
의녕모예 사바하

다냐타 미마려미마려 바나구지려
시리말저 군나려 수노비 인나라
의녕모예 사바하

다냐타 미마려미마려 바나구지려
시리말저 군나려 수노비 인나라
의녕모예 사바하

다냐타 미마려미마려 바나구지려
시리말저 군나려 수노비 인나라
의녕모예 사바하

다냐타 미마려미마려 바나구지려
시리말저 군나려 수노비 인나라
의녕모예 사바하

다냐타 미마려미마려 바나구지려
시리말저 군나려 수노비 인나라
의녕모예 사바하

다냐타 미마려미마려 바나구지려
시리말저 군나려 수노비 인나라
의녕모예 사바하

다냐타 미마려미마려 바나구지려
시리말저 군나려 수노비 인나라
의녕모예 사바하

다냐타 미마려미마려 바나구지려
시리말저 군나려 수노비 인나라
의녕모예 사바하

다냐타 미마려미마려 바나구지려
시리말저 군나려 수노비 인나라
의녕모예 사바하

다냐타 미마려미마려 바나구지려
시리말저 군나려 수노비 인나라
의녕모예 사바하

039

다냐타 미마려미마려 바나구지려
시리말저 군나려 수노비 인나라
의녕모예 사바하

다냐타 미마려미마려 바나구지려
시리말저 군나려 수노비 인나라
의녕모예 사바하

다냐타 미마려미마려 바나구지려
시리말저 군나려 수노비 인나라
의녕모예 사바하

다냐타 미마려미마려 바나구지려
시리말저 군나려 수노비 인나라
의녕모예 사바하

다냐타 미마려미마려 바나구지려
시리말저 군나려 수노비 인나라
의녕모예 사바하

044

다냐타 미마려미마려 바나구지려
시리말저 군나려 수노비 인나라
의녕모예 사바하

다냐타 미마려미마려 바나구지려
시리말저 군나려 수노비 인나라
의녕모예 사바하

다냐타 미마려미마려 바나구지려
시리말저 군나려 수노비 인나라
의녕모예 사바하

다냐타 미마려미마려 바나구지려
시리말저 군나려 수노비 인나라
의녕모예 사바하

다냐타 미마려미마려 바나구지려
시리말저 군나려 수노비 인나라
의녕모예 사바하

다냐타 미마려미마려 바나구지려
시리말저 군나려 수노비 인나라
의녕모예 사바하

다냐타 미마려미마려 바나구지려
시리말저 군나려 수노비 인나라
의녕모예 사바하

다냐타 미마려미마려 바나구지려
시리말저 군나려 수노비 인나라
의녕모예 사바하

다냐타 미마려미마려 바나구지려
시리말저 군나려 수노비 인나라
의녕모예 사바하

다냐타 미마려미마려 바나구지려
시리말저 군나려 수노비 인나라
의녕모예 사바하

다냐타 미마려미마려 바나구지려
시리말저 군나려 수노비 인나라
의녕모예 사바하

다냐타 미마려미마려 바나구지려
시리말저 군나려 수노비 인나라
의녕모예 사바하

다냐타 미마려미마려 바나구지려
시리말저 군나려 수노비 인나라
의녕모예 사바하

다냐타 미마려미마려 바나구지려
시리말저 군나려 수노비 인나라
의녕모예 사바하

다냐타 미마려미마려 바나구지려
시리말저 군나려 수노비 인나라
의녕모예 사바하

다냐타 미마려미마려 바나구지려
시리말저 군나려 수노비 인나라
의녕모예 사바하

다냐타 미마려미마려 바나구지려
시리말저 군나려 수노비 인나라
의녕모예 사바하

다냐타 미마려미마려 바나구지려
시리말저 군나려 수노비 인나라
의녕모예 사바하

다냐타 미마려미마려 바나구지려
시리말저 군나려 수노비 인나라
의녕모예 사바하

다냐타 미마려미마려 바나구지려
시리말저 군나려 수노비 인나라
의녕모예 사바하

064

다냐타 미마려미마려 바나구지려
시리말저 군나려 수노비 인나라
의녕모예 사바하

다냐타 미마려미마려 바나구지려
시리말저 군나려 수노비 인나라
의녕모예 사바하

다냐타 미마려미마려 바나구지려
시리말저 군나려 수노비 인나라
의녕모예 사바하

다냐타 미마려미마려 바나구지려
시리말저 군나려 수노비 인나라
의녕모예 사바하

다냐타 미마려미마려 바나구지려
시리말저 군나려 수노비 인나라
의녕모예 사바하

다냐타 미마려미마려 바나구지려
시리말저 군나려 수노비 인나라
의녕모예 사바하

다냐타 미마려미마려 바나구지려
시리말저 군나려 수노비 인나라
의녕모예 사바하

다냐타 미마려미마려 바나구지려
시리말저 군나려 수노비 인나라
의녕모예 사바하

다냐타 미마려미마려 바나구지려
시리말저 군나려 수노비 인나라
의녕모예 사바하

다냐타 미마려미마려 바나구지려
시리말저 군나려 수노비 인나라
의녕모예 사바하

074

다냐타 미마려미마려 바나구지려
시리말저 군나려 수노비 인나라
의녕모예 사바하

다냐타 미마려미마려 바나구지려
시리말저 군나려 수노비 인나라
의녕모예 사바하

다냐타 미마려미마려 바나구지려
시리말저 군나려 수노비 인나라
의녕모예 사바하

다냐타 미마려미마려 바나구지려
시리말저 군나려 수노비 인나라
의녕모예 사바하

다냐타 미마려미마려 바나구지려
시리말저 군나려 수노비 인나라
의녕모예 사바하

다냐타 미마려미마려 바나구지려
시리말저 군나려 수노비 인나라
의녕모예 사바하

다냐타 미마려미마려 바나구지려
시리말저 군나려 수노비 인나라
의녕모예 사바하

다냐타 미마려미마려 바나구지려
시리말저 군나려 수노비 인나라
의녕모예 사바하

다냐타 미마려미마려 바나구지려
시리말저 군나려 수노비 인나라
의녕모예 사바하

다냐타 미마려미마려 바나구지려
시리말저 군나려 수노비 인나라
의녕모예 사바하

084

다냐타 미마려미마려 바나구지려
시리말저 군나려 수노비 인나라
의녕모예 사바하

다냐타 미마려미마려 바나구지려
시리말저 군나려 수노비 인나라
의녕모예 사바하

다냐타 미마려미마려 바나구지려
시리말저 군나려 수노비 인나라
의녕모예 사바하

다냐타 미마려미마려 바나구지려
시리말저 군나려 수노비 인나라
의녕모예 사바하

다냐타 미마려미마려 바나구지려
시리말저 군나려 수노비 인나라
의녕모예 사바하

다냐타 미마려미마려 바나구지려
시리말저 군나려 수노비 인나라
의녕모예 사바하

다냐타 미마려미마려 바나구지려
시리말저 군나려 수노비 인나라
의녕모예 사바하

다냐타 미마려미마려 바나구지려
시리말저 군나려 수노비 인나라
의녕모예 사바하

다냐타 미마려미마려 바나구지려
시리말저 군나려 수노비 인나라
의녕모예 사바하

다냐타 미마려미마려 바나구지려
시리말저 군나려 수노비 인나라
의녕모예 사바하

094

다냐타 미마려미마려 바나구지려
시리말저 군나려 수노비 인나라
의녕모예 사바하

다냐타 미마려미마려 바나구지려
시리말저 군나려 수노비 인나라
의녕모예 사바하

다냐타 미마려미마려 바나구지려
시리말저 군나려 수노비 인나라
의녕모예 사바하

다냐타 미마려미마려 바나구지려
시리말저 군나려 수노비 인나라
의녕모예 사바하

098

보회향진언
옴 삼마라 삼마라 미만나 사라마
하 자가라바 훔

사경 끝난 날 : 불기 _____ 년 ____ 월 ____ 일

다라니(진언) 사경 5

병고에서 벗어나기 위한 진언

초판 1쇄 발행 2014년 11월 4일 | **초판 2쇄 발행** 2020년 12월 4일
엮은이 편집부 | **펴낸이** 김시열
펴낸곳 도서출판 운주사

     (02832) 서울시 성북구 동소문로 67-1번지 성심빌딩 3층

    전화 (02) 926-8361 | **팩스** (0505) 115-8361

ISBN 978-89-5746-396-3 04220   값 5,000원
ISBN 978-89-5746-405-2 (세트)